Eschenbach

Vokabeltrainer Spanisch A2

Thomas Eschenbach

Vokabeltrainer Spanisch A2

Bibliografische Information der Deutschen
Nationalbibliothek: Die Deutsche
Nationalbibliothek verzeichnet diese Publikation
in der Deutschen Nationalbibliografie; detaillierte
bibliografische Daten sind im Internet über
www.dnb.de abrufbar.

© 2018 Thomas Eschenbach

Herstellung und Verlag:
BoD – Books on Demand, Norderstedt

ISBN 978-3-7528-4004-9

Vorwort

Der Spanisch Vokabeltrainer A2 dient — aufbauend auf dem Vokabeltrainer A1 — der einfachen Wiederholung von Vokabeln. Der Leser kann die wichtigsten Wörter der Niveaustufe A2 ohne viel Anstrengung erlernen. Einzelne wichtige Vokabeln werden im Buch vereinzelt auch wiederholt. Noch zu festigende Vokabeln brauchen nicht mühevoll nachgeschlagen werden. Sie können sich durch Ausschlussverfahren einzelne Vokabeln aneignen oder die Übersetzungen auf derselben Seite unten nachlesen. Ein Muster für die Zuordnung der einzelnen spanischen Wörter zu deren Übersetzungen finden Sie auf der ersten Seite.

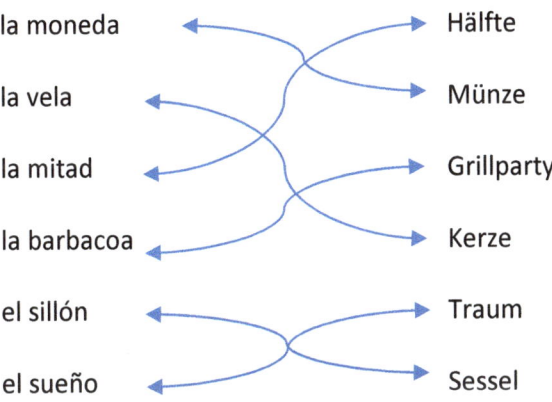

la moneda	Hälfte
la vela	Münze
la mitad	Grillparty
la barbacoa	Kerze
el sillón	Traum
el sueño	Sessel

Lösung:

Münze
Kerze
Haus
Grillparty
Sessel
Traum

la hamburguesa	Kopf
la salud	Tischfußball
la cabeza	toll
separar	Hamburger
genial	Gesundheit
el futbolín	trennen

Lösung:

Hamburger
Gesundheit
Kopf
trennen
toll
Tischfußball

presentarse	Holz
la madera	mittelalterlich
alquilar	Kindheit
medieval	sich vorstellen
el suceso	Ereignis
la niñez	mieten

Lösung:

sich vorstellen
Holz
mieten
mittelalterlich
Ereignis
Kindheit

el invento	Erfindung
la circunstancia	Würfel
el dado	Sprache
el aniversario	Umstand
la parte del cuerpo	Körperteil
el idioma	Jubiläum

Lösung:

Erfindung
Umstand
Würfel
Jubiläum
Körperteil
Sprache

el colesterol	Faktor
el factor	Ratschlag
el diccionario	Kleinigkeit
el consejo	Gelegenheit
la ocasión	Wörterbuch
la cosita	Cholesterin

Lösung:

Cholesterin
Faktor
Wörterbuch
Ratschlag
Gelegenheit
Kleinigkeit

la celebración	vorstellen
presentar	Praxis
preocuparse	Feier
la consulta (médica)	Reklamation
la moneda	sich Sorgen machen
la reclamación	Münze

Lösung:

Feier
vorbringen
sich Sorgen machen
Praxis
Münze
Reklamation

la feria del libro	Zukunft
profesional	Organigramm
el futuro	gehen
la escuela privada	Buchmesse
el organigrama	Privatschule
caminar	beruflich

Lösung:

Buchmesse
beruflich
Zukunft
Privatschule
Organigramm
gehen

la mímica	Exil
la suposición	Kürbis
la calabaza	Stipendium
el exilio	Glückwunsch
la beca	Vermutung
la felicitación	Mimik

Lösung:

Mimik
Vermutung
Kürbis
Exil
Stipendium
Glückwunsch

la vela	Karfreitag
el Viernes Santo	Kerze
la academia de idiomas	Glaube
la creencia	Sprachschule
la mirada	Kreis
el círculo	Blick

Lösung:

Kerze
Karfreitag
Sprachschule
Glaube
Blick
Kreis

aconsejable	übermitteln
opinar	meinen
prohibido/a	ratsam
la cuenta corriente	Gastfreundschaft
transmitir	verboten
la hospitalidad	Girokonto

Lösung:

ratsam
meinen
verboten
Girokonto
übermitteln
Gastfreundschaft

dividirse	Bevölkerung
depositar	sich vereinen
unirse	sich aufteilen
la población	Gericht
el investigador	deponieren
el tribunal	Forscher

Lösung:

sich aufteilen
deponieren
sich vereinen
Bevölkerung
Forscher
Gericht

el argumento	Argument
esconder	Putsch
aprobar	gegenüberstellen
contrastar	verstecken
la delegación	Entsendung
el golpe de Estado	bestehen

Lösung:

Argument
verstecken
bestehen
gegenüberstellen
Entsendung
Putsch

la capa	Priorität
el horizonte	Suche
la mitad	Fremdsprache
la búsqueda	Umhang
la prioridad	Hälfte
el idioma extranjero	Horizont

Lösung:

la comisaría	Mayonnaise
el pago	werfen
lanzar	gelingen
la mayonesa	geschehen
salir bien	Polizeirevier
ocurrir	Zahlung

Lösung:

Polizeirevier
Zahlung
werfen
Mayonnaise
gelingen
geschehen

el participio	stattfinden
tener lugar	Höflichkeit
necesario	nötig
por lo menos	Partizip
la cortesía	Taschenbuch
el libro de bolsillo	mindestens

Lösung:

Partizip
stattfinden
nötig
mindestens
Höflichkeit
Taschenbuch

producir	erzeugen
la dieta	Körper
arrogante	Rahmen
el cuerpo	Verlag
la editorial	arrogant
el marco	Diät

Lösung:

diseñar	Ordner
la caja	Schachtel
el pasado	Vergangenheit
el archivador	restauriert
formular	entwerfen
restaurado	formulieren

Lösung:

entwerfen
Schachtel
Vergangenheit
Ordner
formulieren
restauriert

amueblado	biblisch
el elemento	Plan
bíblico	Element
la característica	Merkmal
el plano	schön
hermoso	möbliert

Lösung:

möbliert
Element
biblisch
Merkmal
Plan
schön

la muralla	Drehstuhl
la silla giratoria	fallen
el uso	Agentur
divertido	lustig
caerse	Mauer
la agencia	Gebrauch

Lösung:

Mauer

Drehstuhl

Gebrauch

lustig

fallen

Agentur

mantener	ausfüllen
el ombligo	aufrechterhalten
arriba	zweisprachig
rellenar	Alternative
bilingüe	oben
la alternativa	Nabel

Lösung:

aufrechterhalten
Nabel
oben
ausfüllen
zweisprachig
Alternative

espontáneo	Strategie
el collar	exotisch
la estrategia	Magen
exótico	Koffer
la valija	spontan
el estómago	Kette

Lösung:

spontan
Kette
Strategie
exotisch
Koffer
Magen

responder	verleihen
la mercancía	Ware
el taller	Werkstatt
el negocio	Sicherheit
la seguridad	Geschäft
otorgar	beantworten

Lösung:

beantworten
Ware
Werkstatt
Geschäft
Sicherheit
verleihen

la propuesta	Vorschlag
divertirse	Durchfall
lamentar	kleben
la diarrea	Wagen
el vagón	bedauern
pegar	sich amüsieren

Vorschlag
sich amüsieren
bedauern
Durchfall
Wagen
kleben

el enlace	Infarkt
la merienda	Entwicklung
el infarto	Verbindung
el bastón	Vesper
el presidente	Präsident
el desarrollo	Stock

Lösung:

Verbindung

Vesper

Infarkt

Stock

Präsident

Entwicklung

la acción	leiten
ojalá	bunt
de color	jedes Mal
dirigir	Handlung
la apariencia	hoffentlich
cada vez	Aussehen

Lösung:

Handlung
hoffentlich
bunt
leiten
Aussehen
jedes Mal

el usuario	Passwort
la clave personal	Benutzer
el tópico	erstaunlicherweise
curiosamente	müssen
la combinación	Klischee
deber	Kombination

Lösung:

la preparación	Gemeinschaft
la comunidad	gegenüber
mediante	Kaninchen
frente a	Vorbereitung
intercultural	durch
el conejo	interkulturell

Lösung:

Vorbereitung
Gemeinschaft
durch
gegenüber
interkulturell
Kaninchen

la lotería	Regierung
repetido	Muschel
el reconocimiento	Lotterie
el gobierno	radikal
la concha	wiederholt
radical	Anerkennung

Lösung:

Lotterie
wiederholt
Anerkennung
Regierung
Muschel
radikal

la señal de alarma	Bildschirm
el monasterio	Kloster
la dirección	Geschäftsleitung
el clima de trabajo	körperliche Arbeit
la pantalla	Arbeitsklima
el trabajo manual	Alarmsignal

Lösung:

Alarmsignal
Kloster
Geschäftsleitung
Arbeitsklima
Bildschirm
körperliche Arbeit

el pedido	besetzt
ocupado	Gefahr
vomitar	Bestellung
la copia	Kopie
el peligro	Diskussion
la discusión	sich erbrechen

Lösung:

Bestellung
besetzt
sich erbrechen
Kopie
Gefahr
Diskussion

la rosa	pünktlich
puntual	Fitness-Studio
felicitar	gratulieren
monolingüe	Rose
el mapa asociativo	Mindmap
el gimnasio	einsprachig

Lösung:

Rose
pünktlich
gratulieren
einsprachig
Mindmap
Fitness-Studio

hacer ejercicio

raramente

mantenerse en forma

la cadena de tiendas

el oso de peluche

las espinacas

in Form bleiben

Spinat

trainieren

Ladenkette

selten

Teddybär

Lösung:

trainieren

selten

in Form bleiben

Ladenkette

Teddybär

Spinat

encantar	Ablagekorb
el superlativo	Wohnzimmer
la bandeja	Kontakt
el contacto	Superlativ
conservado	erhalten
el salón	begeistern

Lösung:

el sofá	Mittelalter
la fachada	laut
frecuentemente	Papierkorb
la Edad Media	häufig
la papelera	Fassade
ruidoso	Sofa

Lösung:

Sofa
Fassade
häufig
Mittelalter
Papierkorb
laut

el marcador temporal	seit
aburrido	Zeitmarker
desde hace	Fluggesellschaft
la explicación	Erklärung
la compañía aérea	Adverb
el adverbio	langweilig

Lösung:

el imperativo	im Allgemeinen
el hábito	Gewohnheit
entonces	Imperativ
el medicamento	ausgewogen
equilibrado	Medikament
por lo general	damals

Lösung:

nunca	sich bedanken
el criterio	Tagesordnung
dar las gracias	stehen
el invitado	Kriterium
sentar	Gast
el orden del día	nie

Lösung:

la referencia	umziehen
estar sentado	Referenz
cambiar de ciudad	Mönch
el sueldo	Bild
la imagen	Gehalt
el monje	sitzen

Lösung:

Referenz
sitzen
umziehen
Gehalt
Bild
Mönch

el aguardiente	Schnaps
el pluscuamperfecto	Plusquamperfekt
el sello	Arbeitserlaubnis
el sindicato	Gewerkschaft
el permiso de trabajo	Neujahr
el Año nuevo	Stempel

Lösung:

Schnaps
Plusquamperfekt
Stempel
Gewerkschaft
Arbeitserlaubnis
Neujahr

Pascua	verweisen auf
para que	Ostern
disfrazarse	Haltung
remitir a	Drittel
la postura	damit
la tercera parte	sich verkleiden

Lösung:

Ostern
damit
sich verkleiden
verweisen auf
Haltung
Drittel

principalmente	geeignet
apropiado	Südwesten
flamenco	Überweisung
la transferencia	überzeugend
convincente	hauptsächlich
el suroeste	flämisch

Lösung:

hauptsächlich
geeignet
flämisch
Überweisung
überzeugend
Südwesten

el área	Blick
la mirada	Umzug
la estancia	Indikativ
el desfile	Nationalfeiertag
el indicativo	Gebiet
la fiesta nacional	Aufenthalt

Lösung:

Gebiet
Blick
Aufenthalt
Umzug
Indikativ
Nationalfeiertag

Todos los Santos	Partei
la cuota	bereisen
el partido	widmen
recorrer	Erdnuss
dedicar	Quote
el cacahuate	Allerheiligen

Lösung:

Allerheiligen
Quote
Partei
bereisen
widmen
Erdnuss

la empanada	gefüllte Teigtasche
el funcionamiento	Ansehen
el prestigio	Schichtarbeit
el teclado	Sendung
el trabajo por turnos	Funktionsfähigkeit
el envío	Tastatur

Lösung:

gefüllte Teigtasche
Funktionsfähigkeit
Ansehen
Tastatur
Schichtarbeit
Sendung

la fecha de entrega	sicherlich
fatal	Schwachkopf
seguramente	halten für
el idiota	teilnehmen
asistir	schrecklich
considerar	Liefertermin

Lösung:

la ofensa	Konditional
la confianza	Veröffentlichung
el condicional	Beleidigung
la publicación	gesund
motivar	motivieren
sano	Vertrauen

Lösung:

Beleidigung
Vertrauen
Konditional
Veröffentlichung
motivieren
gesund

equivalente	Sessel
el sabor	einsammeln
la impresora	Drucker
recoger	gleichbedeutend
sacar	holen
el sillón	Geschmack

Lösung:

gleichbedeutend
Geschmack
Drucker
einsammeln
holen
Sessel

el televisor	stören
un poquito	Fernsehapparat
molestar	Schreibtisch
decorado	Brunnen
el pozo	geschmückt
el escritorio	ein wenig

Lösung:

Fernsehapparat
ein wenig
stören
geschmückt
Brunnen
Schreibtisch

la muñeca	hinzufügen
el camión	Lastwagen
añadir	Nase
robar	stehlen
la nariz	Puppe
el dulce	Süßigkeit

Lösung:

Puppe
Lastwagen
hinzufügen
stehlen
Nase
Süßigkeit

habitualmente	zum Teil
la temporada	beim Feiern
en parte	gewöhnlich
vulgar	Gastgeber
de fiesta	ordinär
el anfitrión	Saison

Lösung:

guardar	Raucher
hoy mismo	aufbewahren
engreído	Sitz
el asiento	noch heute
el doctor	Doktor
el fumador	hochnäsig

Lösung:

aufbewahren
noch heute
hochnäsig
Sitz
Doktor
Raucher

el revisor	beschädigt
en malas condiciones	Schaffner
el ratón	führen
la estadística	Statistik
llevar	untätig
inactivo	Maus

Lösung:

Schaffner
beschädigt
Maus
Statistik
führen
untätig

la sección	Abteilung
el voluntario	sich schützen
protegerse	Pfingsten
socialista	Verfahrensweg
el trámite burocrático	Freiwillige
Pentecostés	sozialistisch

Lösung:

Abteilung
Freiwillige
sich schützen
sozialistisch
Verfahrensweg
Pfingsten

el Día de Los Muertos	interpretieren
fenomenal	großartig
la misa	wachsen
la disposición	Allerseelen
interpretar	Verfügung
crecer	Messe

Lösung:

Allerseelen
großartig
Messe
Verfügung
interpretieren
wachsen

universal	bevollmächtigen
por lo general	Musiker
autorizar	meistens
el músico	erhalten
cobrar	Beobachter
el observador	universell

Lösung:

universell
meistens
bevollmächtigen
Musiker
erhalten
Beobachter

defender	annehmbar
el sueño	Feiertag
aceptable	Rolle
aprovechar	Traum
el día festivo	verteidigen
el papel	nutzen

Lösung:

verteidigen
Traum
annehmbar
nutzen
Feiertag
Rolle

la estrofa	ruhen
el cementerio	Asyl
reconocer	anerkennen
el asilo	Strophe
descansar	Station
la estación	Friedhof

Lösung:

Strophe
Friedhof
anerkennen
Asyl
ruhen
Station

atraer	Nationalpark
el peregrino	Einstellung
el parque nacional	addieren
la contratación	Fotokopierer
sumar	anziehen
la fotocopiadora	Pilger

Lösung:

anziehen
Pilger
Nationalpark
Einstellung
addieren
Fotokopierer

el lápiz	rechtzeitig kommen
llegar a tiempo	Bleistift
protestar	weh tun
doler	Gepäck
el equipaje	Neid
la envidia	sich beschweren

Lösung:

Bleistift
rechtzeitig kommen
sich beschweren
weh tun
Gepäck
Neid

quererse	aufbewahren
sincero	ehrlich
guardar	Grillparty
en cuanto	einander lieben
la barbacoa	Abkürzung
la abreviatura	sobald

Lösung:

einander lieben
ehrlich
aufbewahren
sobald
Grillparty
Abkürzung

¡Salud!	fern
proponer	Prost
lejos	weitermachen
perder	vorschlagen
regalar	schenken
segir	verlieren

Lösung:

izquierda	sehr
muy	viel
desde luego	natürlich
por supuesto	hier
mucho	natürlich
aquí	links

Lösung:

links
sehr
natürlich
natürlich
viel
hier